ZEITFRESSER IDENTIFIZIEREN & ELIMINIEREN

Einfache Tipps für mehr Freizeit und bessere Ergebnisse im Job

Thomas Hametner

Zeitfresser identifizieren & eliminieren

Einfache Tipps für mehr Freizeit und bessere Ergebnisse im Job

Thomas Hametner

Haftungsausschluss

Dieses Buch verweist auf Inhalte Dritter. Der Autor erklärt hiermit ausdrücklich, dass zum Zeitpunkt der Linksetzung keine illegalen Inhalte auf den zu verlinkenden Seiten erkennbar waren. Auf die verlinkten Inhalte hat der Autor keinen Einfluss. Deshalb distanziert der Autor sich hiermit ausdrücklich von allen Inhalten aller verlinkten Seiten, die nach der Linksetzung verändert wurden.

Für illegale, fehlerhafte oder unvollständige Inhalte und insbesondere für Schäden, die aus der Nutzung oder Nichtnutzung solcherart dargebotener Informationen entstehen, haftet allein der Anbieter der Seite, auf welche verwiesen wurde, nicht aber der Autor dieses Buches.

Der Autor übernimmt im Namen des Käufers oder Lesers dieser Materialien keine Verantwortung oder Haftung. Jede wahrgenommene Kleinigkeit einer Person oder Organisation ist rein unbeabsichtigt.

Impressum

Autor: Thomas Hametner

Mail: t.hametner@gmx.at

Vorwort

Im täglichen Leben gibt es viele Zeitfresser, welche die eigene Produktivität sowohl im Job als auch im privaten Bereich senken. Diese Ablenkungen können von extern kommen wie beispielweise die Flut an täglichen E-Mails, Social-Media oder ungenaue Arbeitsanweisungen. Allerdings können viele Zeitfresser auch am eigenen Verschulden liegen, wie die eigene Perfektion, die fehlende Kompetenz zu delegieren und planen oder auch das häufig beliebte Multitasking, wobei bewiesen ist, dass letzteres die eigene Produktivität deutlich reduziert.

Möglicherweise haben Sie dieses Buch heruntergeladen, weil Sie einige Veränderungen in Ihrem Leben sehen möchten oder unzufrieden sind. Sie müssen verstehen, dass viele Menschen zwar davon träumen, ihre alten Gewohnheiten zu ändern, aber häufig keine praktischen Maßnahmen ergreifen. Es geht nicht nur darum, dieses Buch zu verstehen, sondern die vorgeschlagenen Schritte umzusetzen – lassen Sie sich durch dieses Buch helfen produktiver zu werden.

Nach einer kurzen Beschreibung der unterschiedlichen Zeitfresser soll dieses Buch gleich Lösungsansätze zu mehr Freizeit und effizienteren Arbeiten geben. Dazu gibt es unterschiedliche Möglichkeiten. Im Buch werden Sie erfahren, wie Sie Ziele richtig formulieren, priorisieren und schließlich umsetzen und wie Sie langfristig Ihre Produktivität steigern. Es werden auch schlechte Gewohnheiten beleuchtet und Tipps zum Ablegen gegeben. Abschließend möchte ich noch drei Zeitmanagement-Methoden erklären, welche die eigene Produktivität sowohl kurz- als auch langfristig erhöhen können und werden.

Ich wünsche Ihnen viel Spaß mit diesem Buch!

Ihr Thomas Hametner

Hinweis: Im folgenden Buch wird aus Gründen der besseren Lesbarkeit ausschließlich die männliche Form verwendet. Sie bezieht sich auf Personen beiderlei Geschlechts.

Inhalt

Zeit und Zeitmanagement

Zeit ist eine unglaublich wertvolle Ressource für jeden einzelnen Menschen, welche niemals für eine spätere Verwendung gespeichert werden kann. Jeder Mensch verfügt über den gleichen täglichen Vorrat an Zeit – 24 Stunden – wie Sie damit umgehen und wie Sie diese Zeit verwenden, liegt allerdings alleine in Ihrer Macht. Sie werden es vielleicht noch nicht bemerkt haben, aber das eliminieren von Zeitfressern und das gleichzeitige verbessern des Zeitmanagements wirkt sich auf Ihr gesamtes Leben positiv aus. Es ermöglicht Ihnen, wichtigere Dinge zu erledigen, was Ihre Produktivität dramatisch steigern kann. Mit der Zeit wird diese gesteigerte Produktivität zu deutlichen Verbesserungen in Ihrem beruflichen und privaten Leben führen.

Viele Menschen haben das Gefühl, dass sie nicht genug Zeit haben, um alles zu erreichen, was sie im Leben erreichen wollen. Verantwortlich dafür machen sie oft ihren erhöhten Stress, schlechte Beziehungen, schlechte Finanzen und mangelnde Bewegung. Mit den richtigen Tools und Fähigkeiten können Sie jedoch vieles erreichen, was Sie sich vorgenommen haben.

Das richtige Zeitmanagement kann Ihnen helfen, Ihre Prioritäten zu identifizieren und bewusste Entscheidungen zu treffen. Sie können mehr Zeit damit verbringen, die wesentlichen Dinge zu tun, die Ihnen gut tun. Wenn Sie Ihre Zeit effektiv verwalten, können Sie Ihre Ziele auch schneller erreichen, also Dinge in kürzerer Zeit oder mit weniger Aufwand und Stress zu erledigen.

Die drei zentralen Vorteile erfolgreichen Zeitmanagements:

- Sie werden pünktlicher und disziplinierter
- Sie sind besser organisiert und nutzen Ihre verfügbare Zeit optimal
- Sie erreichen Ihre Ziele schneller

Zeitfresser identifizieren

Schätzungen zufolge können wir uns etwa ein Drittel unserer reinen Arbeitszeit sparen, wenn wir immer nur das Richtige effizient tun. Umgekehrt könnten wir, sofern wir die Verschwendung vermeiden und in der gleichen Zeit sehr viel mehr erreichen. Abgeleitet vom Gedanken des Lean-Managements kann man Tätigkeiten in drei zentrale Kategorien einteilen:

1. Wertschöpfende Tätigkeiten
2. Nicht wertschöpfende aber notwendige Tätigkeiten
3. Nicht wertschöpfende Tätigkeiten (Zeitfresser)

In die erste und wichtigste Art fallen wertschöpfende Tätigkeiten (Nutzleistung), die für dich, deinen Kunden oder anderen Partner, also den Empfänger deiner Tätigkeit oder Leistung einen Mehrwert oder Nutzen bringen. Dies sind Tätigkeiten, die uns unseren Zielen näher bringen oder beispielsweise direkt in Form von einer Belohnung, z.B. Abschlussprämie oder ein Gehalt ausgeglichen werden. Diese Tätigkeiten sollten vermehrt durchgeführt und zunehmend optimiert werden.

Unter nicht wertschöpfenden, aber notwendigen Tätigkeiten versteht man solche, welche selbst keinen Mehrwert erzeugen. Kunden zahlen dafür kein Geld. Sie sind jedoch notwendig, da sonst wertschöpfende Aktivitäten überhaupt nicht ausgeführt werden können. Dies umfasst beispielsweise das Reinigen und Warten von Werkzeugen und Materialien, die Rechnungsstellung oder die Planung des nächsten Arbeitstags. Diese Aktivitäten sollten so weit wie möglich automatisiert oder optimiert werden.

Aktivitäten ohne Mehrwert, die keine Einnahmen generieren, werden als blinde oder falsche Leistung bezeichnet. Die meisten dieser Aktivitäten finden ungeplant statt und stehen in keinem direkten oder indirekten Zusammenhang mit der Schaffung von Mehrwert für Produkte oder Dienstleistungen. In Unternehmen und Organisationen machen diese Aktivitäten etwa ein Drittel aus. Es gilt, diese zu identifizieren und langfristig zu beseitigen. Die Nachfolgenden Zeitfresser sind die wichtigsten Beispiele, welche Sie optimieren können.

E-Mails

Wirklich große Zeitfresser sind in erster Linie die eingehenden E-Mails, die man entweder öffnet, falls sie einem interessant und lesenswert erscheinen, oder die man wieder löscht. Oft trägt man sich in einige Verteiler ein und stellt nach einiger Zeit fest, dass man noch mit sinnlosen Werbemails bombardiert wird. Anfangs löscht man diese Mails wohl häufig, aber auch das ständige Löschen beeinflusst das persönliche Zeitmanagement negativ.

Besser ist es, sich also über den jeweiligen Unsubsribe-Link aus den einzelnen Newsletterlisten auszutragen. Das kostet zwar kurzfristig mehr Zeit, als die Mails in einem Rutsch zu löschen, doch von diesen Adressen kommen schließlich keine Mails mehr und so muss man irgendwann nur noch wenige Mails löschen, was letztendlich zur deutlichen Zeitersparnis führt. Man sollte sich also überlegen, in welche Verteiler man sich einträgt. Alternativ kann man sich eine zweite Mailadresse zulegen, wo man solche Verteiler abonniert und nur bewusst einmal in der Woche reinschaut.

Darüber hinaus sollten Sie Ihren E-Mail-Posteingang nicht ständig überprüfen, um festzustellen, ob neue E-Mails eingehen. Es ist am besten, diese Aktivität nur einmal am Tag durchzuführen und sich genau dann nur darauf zu konzentrieren. Die ideale Zeit ist der frühe Morgen, da Sie nach einigen Stunden konzentrierten Arbeiten mal eine kurze Pause einlegen können, in der Sie E-Mails abrufen können. Beantworten und bearbeiten Sie nur wichtige Nachrichten. Andere Nachrichten sollten gelöscht oder ignoriert werden.

Nur wichtige Telefonanrufe entgegennehmen

Wenn Sie sich mit wichtigen Aufgaben befassen, sollten Sie sich auf diese konzentrieren. Anrufe, deren Rufnummer auf dem Telefondisplay nicht angezeigt wird, sind sehr oft Werbeanrufe. Sie sollten sie auf jeden Fall ignorieren. Sie sollten andere Anrufe jedoch nicht sofort beantworten. Sie können den Anrufbeantworter einschalten oder einen externen Bürodienst verwenden, um dies für Sie zu tun. Beantworten Sie keinen Anruf, deren Nummer zwar angezeigt wird, Sie allerdings wissen, dass dieses

Gespräch nur Ihre Zeit verschwenden wird. Auf dem Anrufbeantworter wird nur der Anruf verfolgt, der den Grund für den Rückruf angibt.

Kommen Sie in Telefongesprächen immer auf den Punkt. So wird das Telefonat nicht unnötig lang und es werden meist auch schnell Resultate im Gespräch erzielt. Setzen Sie sich am besten einen Zeitrahmen für das Gespräch.

Veraltete Technologie

Vor allem jüngere Arbeitnehmer beklagen, dass eine veraltete Technologie ein großer Zeitfresser während der Arbeit sein kann. Alte Programme, langsame PCs und Drucker, aber auch eine zu instabile und lahme Internetverbindung kosten oft Zeit und Nerven.

Sie selbst, sofern Sie nicht in der IT-Abteilung arbeiten, können dagegen nichts Großartiges machen, außer darauf aufmerksam zu machen und Verbesserungsvorschläge einbringen. Machen Sie regelmäßige Updates bei Ihrem Computer. Ein zweiter Drucker kann eventuell das Problem eines überlasteten und langsamen Druckers lösen bzw. entschärfen. Auch im Bewerbungsgespräch sollten Sie auf die Ausstattung des künftigen Arbeitgebers achten.

Nicht Nein sagen können

Grundsätzlich ist uns allen klar, dass wir das Recht haben, „Nein" zu sagen – und meist auch die Möglichkeit haben, dies zu tun (beim Vorgesetzten vielleicht nicht immer möglich ...). Diese inneren Barrieren hindern uns oft daran, Nein zu sagen:

- Dann mag mich der andere nicht mehr.
- Dann hilft er mir ein anderes Mal auch nicht.
- Dann denkt er vielleicht, ich sei nicht fähig dazu – oder ich sei faul – oder ich sei nicht teamfähig.

Mit folgenden Denkweisen können Sie das „Nein" sagen leichter umsetzen:

- Normalerweise denken die anderen gar nicht so oft so viel über uns, wie wir das glauben – sie sind häufig mit sich selbst beschäftigt.
- Wenn Sie jemand dafür lobt, dass Sie einen erfolgreichen Job abgeschlossen haben, folgt danach sehr häufig eine neue Bitte oder ein

neuer Auftrag von genau dieser Person. Seien Achten Sie darauf und lassen Sie sich vom Lob nicht täuschen!

- Nehmen Sie sich das Recht heraus, eine Bedenkzeit zu nehmen. Wenn Sie in dieser Zeit diese neue Aufgabe annehmen, sollten Sie die Konsequenzen auf Ihr eigenes Zeitbudget sorgfältig abwägen. Diese Bedenkzeit ist insbesondere für alle Menschen sehr wichtig, welche sehr bemüht sind oder sich durch Teamorientierung identifizieren.

- Man delegiert ein zusätzliches Projekt normalerweise den guten Mitarbeitenden. Diese werden Projekte häufig auf den regulären 100%-Job gepackt. Überlegen Sie sich daher bitte genau, welche Projekte Sie annehmen werden.

Ungenaue Arbeitsanweisungen

Was genau ist eigentlich zu tun? Häufig verschwenden Arbeitnehmer ihre Zeit damit, ungenaue oder zu knappe Arbeitsanweisungen erst einmal mühevoll zu entschlüsseln. Vor allem neue Mitarbeiter scheuen sich oft davor, nachzufragen. Um solche Situationen zu vermeiden, achten Sie darauf, dass Sie Arbeitsanweisungen klar und strukturiert geben. Schreiben Sie dazu z.B. To-Do-Listen.

Zu viel zu tun!

hre To-Do-Liste für diesen Tag scheint endlos zu sein und Sie springen von einer Tätigkeit zur nächsten und nichts geht weiter? Bevor Sie sich mit den täglichen Aufgaben befassen, priorisieren Sie bitte die Arbeitsaufträge und stellen Sie sich die Frage: Was ist wirklich dringend? Arbeiten Sie sich durch Ihre nach Prioritäten geordnete Liste, ohne zu springen – Multi-Tasking ist kontraproduktiv.

Social Media

Soziale Medien sind sicherlich ein Produktivitätskiller. Wenn Sie der Meinung sind, dass Ihre Mitarbeiter häufig Zeit auf Facebook oder Instagram verbringen, sollten Sie den Zugriff auf Arbeitscomputer einschränken. Teilen Sie Ihren Mitarbeitern so früh wie möglich relevante Unternehmensrichtlinien so klar wie möglich mit. In der Regel sollten Sie auch überlegen, warum Ihre Mitarbeiter überhaupt dafür Zeit haben.

Facebook & Co. können nicht nur nützlich sein, sondern auch so richtige Zeitfresser. Ist man einmal auf einer Plattform wie Facebook oder Instagram, kann schnell eine Stunde vergehen. Wenn Sie Social Media für betriebliche Zwecke nutzen, sollte auch hier sich einen festen Zeitrahmen von 15 oder 30 Minuten pro Tag setzen.

Meetings

Meetings gehören zu den größten Zeitfressern. Teilweise sitzt man mehrere Stunden in einem Besprechungsraum, obwohl eine Stunde ausreichen würde. Hier drei kurze Hinweise, wie Sie sich bessere dafür rüsten können:

- Bereiten Sie sich gut vor!
- Konzentrieren Sie sich auf das Wesentliche, überspringen Sie unnötige oder redundante Informationen
- Planen Sie Zeit für mögliche offene Fragen am Ende des Meetings ein.

Sollten Fragen am Ende dem Meeting offen bleiben, verweisen Sie auf die Möglichkeit, diese in einem Folgemeeting oder in einem persönlichen Gespräch zu klären. Treten diese Fragen während des Meetings auf, können Sie auf das Ende verweisen, bis dahin ist so manche Frage bereits beantwortet oder der Fragesteller hat sie ganz einfach vergessen. Beide Varianten sind für Sie positiv.

Fazit

Zeitfresser können sehr vielfältig sein und überall lauern. Wenn Sie etwas Bewusstsein für Ihre Arbeitsweise und Ihren Arbeitsalltag entwickeln, identifizieren Sie Ihre persönlichen Zeitfresser relativ zügig und können diese bewusst abstellen. Bitte seien Sie sich im Klaren, dass nicht alles auf einmal und auch nicht alles zu 100 % funktionieren wird, jedoch führen auch viele kleine Schritte zu einer Erhöhung Ihrer persönlichen Produktivität. Wenn Sie Ihre Ziele genau formulieren, anschließend priorisieren und auch umsetzen, dann können Sie Ihre Zeitfresser langfristig reduzieren. Das nächste Kapitel beschäftigt sich mit diesen Zielen.

Ziele formulieren, priorisieren und umsetzen

Um Zeitfresser effektiv zu eliminieren, brauchen Sie sowohl in beruflicher als auch privater Hinsicht konkrete Ziele. Die nachfolgenden Schritte zeigen einen Leitfaden zur Formulierung, Priorisierung und Umsetzung von Zielen. Wenn Sie mit Ihrer Zeit produktiver werden möchten, müssen Sie verstehen, dass Sie Ihre Arbeitsweise ständig verbessern müssen. Wenn Sie produktiver sind, verfügen Sie über mehr Freizeit für die schönen Dinge des Lebens. Glücklicherweise gibt es eindeutige Schritte, die Sie verbessern können, um produktiver zu werden und Ihre kurzfristigen, wie auch langfristigen Ziele schneller zu erreichen.

Ziele setzen und aufteilen

Ziel- und Zeitmanagement sind keine eigenständigen Fähigkeiten. Während Sie Ihre verfügbare Zeit nicht unendlich erweitern können, können Sie steuern, wie Sie Ihre Zeit für gesetzte Ziele verwenden. Wenn es um Ihre Produktivität geht, sollte die Art und Weise, wie Sie Ihre Zeit nutzen, direkt von einer effektiven Zielsetzung abhängen. Die grundlegendste Fähigkeit, wenn es um Zeitmanagement geht, ist Ihre Fähigkeit, die Zeit, die Sie haben, so zu nutzen, dass sie Ihren Zielen dient.

Es erfordert weniger Energie, wenn Sie Ihre Probleme vereinfachen können. Um Ihre Zeitmanagementfähigkeiten zu verbessern, müssen Sie einen Prozess einrichten und ihn dann in kleinere, automatische Vorgänge aufteilen, die Sie schnell erfassen können und die keinen intensiven Verbrauch Ihrer Ressourcen erfordern. Nehmen Sie sich die Zeit, komplexe Aufgaben in kleinere Teile zu zerlegen, damit der Prozess leichter zu verstehen und zu verfolgen ist.

Priorisierung und Aufgaben eliminieren

Die Prioritäten unterscheiden sich in jeder Situation und richten sich im Allgemeinen häufig nach Fristen und der Wichtigkeit der Ausführung. Es ist dabei wichtig, sowohl langfristige Aktivitäten als auch die kurzfristigen Ziele zu priorisieren. Um zügige positive Ergebnisse zu erzielen, müssen Sie Ihre Aufgaben sorgfältig planen.

Wenn es um die Priorisierung von Arbeitsaufgaben geht, versuchen die meisten Menschen, die Elemente zu priorisieren, die auf ihrer Aufgabenliste stehen. Viele der Dinge, die auf ihren Listen erscheinen, sollten jedoch nicht dort sein. Wenn es um Zeitmanagement geht, sollten Ihre Priorisierungsbemühungen damit beginnen, Aufgaben zu eliminieren, die Sie nicht ausführen sollten. Wenn Sie dies getan haben, können Sie sich darauf konzentrieren, die wertvollste Arbeit mit der verfügbaren Zeit und den verfügbaren Ressourcen abzuschließen.

Einfachen Aufgaben und fokussieren

Der schnellste Weg, um demotiviert zu werden, besteht darin, eine komplizierte und umfassende Aufgabe im Laufe des Tages nicht zu erledigen und Sie dadurch an den geplanten Fortschritten bei Ihrer Planung abzuhalten. Der einfachste Weg, um diese Gefahr zu umgehen, besteht darin, den Tag mit einer trivialen Aufgabe zu beginnen, die Ihnen einen gewissen Vorsprung verschafft. Wenn Sie Ihren Tag mit einer einfachen Aufgabe beginnen, können Sie

Ihre Produktivität steigern und sich später auf komplexere Projekte konzentrieren.

In der Lage zu sein, alles auszuschließen und sich auf die anstehende Aufgabe zur Zielerreichung zu konzentrieren, ist eine der Fähigkeiten, die Sie meistens erst erkennen, wenn Sie damit zu kämpfen haben. Der beste Weg, um den Fokus zu erreichen, besteht darin, das Multitasking zu beenden, die wichtigste Aufgabe zu identifizieren und den Rest auszublenden.

Langfristige Roadmap

Planung ist eine sich wiederholende Aufgabe, die Sie von Ihren täglichen Aktivitäten abbringen kann. Durch die Erstellung eines langfristigen Plans können Sie sich besser auf Ihre langfristigen Ziele konzentrieren und zusätzlich entscheiden, ob neue Aufgaben Ihren Zielen entsprechen. Wenn Sie die bekannten Aufgaben definieren können, die für Ihren Erfolg entscheidend sind, können Sie die erwarteten Ergebnisse ermitteln und jeden Monat messen. Durch die Erstellung einer langfristigen Roadmap erhalten Sie auch ein klareres Bild Ihrer eigenen Zielerreichung.

Selbstmotivation

Es wird immer Tage geben, an denen Sie nichts tun wollen. An solchen Tagen muss man sich zum Handeln motivieren können. Wenn Sie Ihr Selbstbewusstsein verbessern können, geben Sie sich die Informationen, die Sie benötigen, um sich zur Arbeit zu motivieren. Während Sie möglicherweise über alle anderen Zeitmanagementfähigkeiten verfügen, die erforderlich sind, um produktiv zu bleiben, werden Sie sich Stress und Druck beugen, wenn Sie sich nicht motivieren können.

Fazit

Unabhängig davon, wie effizient Ihre Strategie zur Verwaltung Ihrer Zeit ist, gibt es immer Raum für Verbesserungen. Mit diesen vier Schritten können Sie Ihre Zielerreichung verbessern und im Laufe Ihres geplanten Zeithorizonts mehr erreichen.

Delegieren und Planen

Nahezu alle Biografien und Selbsthilfebücher von Führungskräften und Rednern der letzten Jahrzehnte konzentrieren sich auf die Zeit als wichtigste verfügbare Ressource. Wenn wir unseren Zeiteinsatz durch Selbstbeherrschung verwalten, ist Erfolg ein natürliches Produkt dieser Bemühungen. Erfolg wird die Ernte, die wir ernten. Zwei zentrale Techniken um die eigene frei verfügbare Zeit zu maximieren und das eigene Zeitmanagement zu verbessern sind Delegieren und Planen.

Delegieren

Eine der wichtigsten Zeitmanagementfähigkeiten, die Sie beherrschen können, ist das Erkennen, wenn Sie nicht die richtige Person sind, um die Aufgabe auszuführen. Wenn Sie eine Aufgabe haben, die besser zu den Fähigkeiten eines anderen passt, sollten Sie in Betracht ziehen, diese Aufgaben zu delegieren. Dies gilt nicht nur für Arbeitsaufgaben, für deren Ausführung jemand anderes besser geeignet wäre. Denken Sie an die 20 Prozent der einfachen, aber notwendigen Tätigkeiten, die Sie jeden Tag erledigen müssen und bestimmen Sie, ob Sie sie an einen Mitarbeiter oder Kollegen delegieren können.

Delegieren Sie einfache Routineaufgaben. Wenn Sie ein eigenes kleines Unternehmen führen, sollten Sie sich beispielsweise nicht selbst um die Buchhaltung kümmern. Lagern Sie diese Tätigkeit nach Möglichkeit aus, beispielsweise zu einem Steuerberater. Ihre Aufgabe ist das Führen des Unternehmens, nicht die Buchhaltung oder andere Tätigkeiten, welche Sie vom Kerngeschäft abhalten. Wenn Sie das Geld haben, stellen Sie nach Möglichkeit zusätzliche Leute ein, die sogar einige Ihrer anderen Büroarbeiten erledigen.

Planen

Während die meisten Unternehmer einen langfristigen Plan haben, wie sie ihre Ziele erreichen wollen, planen und priorisieren sie ihre Tage nicht. Wenn Sie mehr erledigen möchten, sollten Sie jeden Abend etwas Zeit einplanen, um die Aufgaben des nächsten Tages zu planen und zu priorisieren. Damit können Sie Ihre Ziele langfristig erreichen. Je weniger Zeit Sie zu haben glauben, desto kritischer ist es für Sie, zu planen. Durch sorgfältige Planung können Sie

Ihre Zeit besser verwalten und kostspielige Fehler vermeiden, die noch mehr Zeit in Anspruch nehmen.

Können Sie sich ein Bogenschießen ohne Ziel vorstellen? Woher weiß der Bogenschütze, ob er etwas getroffen hat oder sich überhaupt nähert? Wir sehen Ziele und Leben oft als irrelevant an.

Sie können sagen, dass Sie zu beschäftigt sind, um überhaupt zu planen. Dies zeigt normalerweise an, dass Sie definitiv Zeit mit Planung verbringen müssen. Ihr Plan ist wie eine Straßenkarte. Wenn Sie genügend Zeit investieren, um verschiedene Wege in Betracht zu ziehen, werden Sie schnell feststellen, dass Sie auf diese Weise mittel- und langfristig viel Zeit sparen können. Stellen Sie sicher, dass Sie zum richtigen Ziel unterwegs sind, und überprüfen Sie Ihren Plan regelmäßig, um sicherzustellen, dass Sie das Ziel auch wirklich nicht aus den Augen verloren haben.

Wählen Sie einen ruhigen Ort, um Ihren Plan zu erstellen und lassen Sie sich dabei nicht ablenken. Es gibt keine spezifischen Regeln für die Erstellung. Der Plan mit in den Augen des Erstellers immer einen Sinn. Wenn der Plan nicht zum gewünschten Ziel führt, ändern Sie nicht das Ziel sondern den Plan.

Fazit

Delegieren und Planen gehen oft Hand in Hand. Je weniger Zeit Sie mit Routineaufgaben verwenden, desto mehr bleibt Ihnen für wertschöpfende Tätigkeiten (siehe im Kapitel Zeitfresser identifizieren). Wenn Sie gewisse Aufgaben und nächste Schritte sorgfältig Planen, sparen Sie sich während der Umsetzung wertvolle Zeit.

Produktivität verbessern

Sie haben nun Zeitfresser identifiziert, eliminiert und Ziele formuliert, priorisiert und umgesetzt. Nur weil Sie beide Punkte optimiert haben, heißt es noch nicht, dass Sie auch produktiv arbeiten. Im nächsten Schritt werden daher noch zusätzliche Methoden erklärt, damit Sie noch produktiver zu werden.

Bei der Arbeit produktiv zu sein, kann eine Herausforderung sein. Oft wissen Sie nicht, wo Sie anfangen sollen, Ihre Zeit auf eine Weise zu verwalten, die Ihrer Produktivität förderlich ist. Manchmal ist es schwierig zu verstehen, wie Sie Ihre Zeit effektiv strukturieren können. Egal wer Sie sind oder welche Arbeit Sie verrichten, Sie müssen auf dem Laufenden sein, wie Sie Ihre Zeit verwalten. Mit diesen fünf Methoden, können Sie Ihre Produktivität im Job drastisch steigern können.

Wenden Sie die 80/20-Regel an

Wenn es um Zeitmanagement oder Produktivität geht, wird es früher oder später den Namen Pareto-Prinzip geben, auch bekannt als 80-20-Regel. Es heißt, dass Sie mit nur 20% Einsatz normalerweise 80% der erwarteten Ergebnisse erzielen können. Finden Sie heraus, welche Aufgaben Sie Ihrem Ziel wirklich näher bringen. Denken Sie daran, was Sie erreichen möchten, und schauen Sie sich jede Unteraufgabe genau an. Sie finden das Pareto-Prinzip auch nochmal unter den Zeitmanagementmethoden.

Wenn Sie also mehr in kürzerer Zeit erledigen möchten, müssen Sie Ihren täglichen Arbeitsplan nach dem Pareto-Prinzip erstellen. Wenn Sie einen täglichen Arbeitsplan mit der 80/20-Regel erstellen, können Sie 80 Prozent Ihres Tages mit den wichtigsten Aufgaben und 20 Prozent Ihrer Zeit mit den einfachen, aber notwendigen Aufgaben verbringen.

Vorsicht: Das Pareto-Prinzip verhindert manchmal, dass Menschen die richtige Einstellung einnehmen. Manchmal müssen Sie akzeptieren, dass Ihre Ressourcen begrenzt sind, in vielen Fällen eine begrenzte Zeit. Versuchen Sie nicht, das Unmögliche zum Ziel von 150% zu machen, sondern fragen Sie sich, „was kann ich mit begrenzten Ressourcen tun?“ Vielen Menschen fällt dies schwer, weil ihr eigener Perfektionismus und ihre hohen Erwartungen an sich selbst die Arbeit behindern. Mit der richtigen Einstellung und der 80/20 Regel erzielen Sie jedoch sehr gute Ergebnisse.

Ablenkungen und Multitasking vermeiden

Jedes Mal, wenn eine E-Mail auf Ihrem Bildschirm erscheint, wenn Ihr Telefon summt oder wenn sich Ihre Bürotür öffnet, wird Ihr Gedankengang gestört. Wir alle glauben gerne, dass wir gleichzeitig an einer Unterhaltung teilnehmen und unsere Präsentation schreiben können, aber die Wahrheit ist, wir können nicht. Ihre beste Arbeit kommt mit Stille. Wenn Sie Ihre Produktivität steigern möchten, müssen Sie alle Ablenkungen möglichst ausschalten.

Es kann unglaublich verlockend sein, mehrere Aufgaben gleichzeitig erledigen zu wollen. Es ist jedoch erwiesen, dass Multitasking einfach nicht funktioniert. Wenn Sie der Meinung sind, dass Sie Telefonanrufe, E-Mails und Präsentationen effizient unter einen Hut bringen können, ohne Ihre Produktivität zu verlieren, täuschen Sie sich. Wenn Sie Ihre Produktivität steigern möchten, sollten Sie sich jeweils auf eine Aufgabe konzentrieren.

Wussten Sie, dass Multitasking Ihre Produktivität um bis zu 40 Prozent senken kann? Dies gilt für die meisten Menschen, die nicht in der Lage sind, alle ihre Aufgaben zu erledigen, ohne die Qualität ihrer Arbeit zu beeinträchtigen. Abgesehen davon können noch folgende negative Auswirkungen dazu kommen:

- Sie können Ablenkungen nicht vermeiden und sich nicht auf das Wesentliche konzentrieren, was Sie wirklich tun müssen. Stellen Sie sich vor, was passieren würde, wenn Sie wissen, dass Sie unzählige Aufgaben zu erledigen haben und sich aufgrund Ihres hektischen Zeitplans und der unmöglichen Fristen plötzlich leer fühlen.

- Übermäßiges Multitasking kann zu Gedächtnisverlust führen, sodass Sie viele Dinge vergessen. Besonders die wichtigsten. Gedächtnisverlust kann definitiv Ihren Rhythmus stören, was schließlich zu mangelnder Produktivität führen wird.

- Sie werden sich erschöpft fühlen, da Sie konsequent darüber nachdenken, was Sie als Nächstes tun sollten. Ihrem Geist und Ihrem Körper bleibt keine andere Wahl, als weiterzulaufen. Und sobald Sie sich richtig müde fühlen, hört Ihr Körper irgendwann auf zu rennen und Sie haben keine Kontrolle mehr darüber. Ihre Produktivität ist bis dahin schon längst verloren.

- Sie werden sich womöglich bald wie ein Roboter verhalten, der darauf programmiert ist, nur zu arbeiten, zu arbeiten und zu arbeiten. Am Ende des Tages sind Sie so tot wie ein Zombie und können nicht klar und eigenständig denken.

Single-Tasking

Es geht nicht darum, Sie zu entmutigen, nicht mehr an mehreren Dingen gleichzeitig zu arbeiten. Wenn Sie dies aufgrund Ihrer Meinung und Überzeugung fokussiert schaffen, bringt Sie dies am Ende womöglich sogar schneller zu Ihren Zielen. Es gibt viele Gründe, warum die Arbeit an einer einzelnen Aufgabe von großem Vorteil ist.

- Sie können sich tatsächlich auf den wichtigsten Aspekt Ihres Vorhabens konzentrieren. Wenn Sie eine Sache im Visier haben, können Sie nicht so leicht abgelenkt werden. Sie können sich einer Aufgabe mit Ihrer vollständige oder ungeteilte Aufmerksamkeit widmen.

- Sie können Ihre hohen Ansprüche an Arbeitsqualität befriedigen. Wer möchte nicht stolz auf seine Arbeit sein? Wenn Sie zu viele unterschiedliche Aufgaben im Kopf haben, kann dies die Qualität der Ergebnisse und Ihre persönliche Effektivität Ihres Projekts beeinträchtigen. Wenn Sie also Ihre ganze Anstrengung und Aufmerksamkeit auf eine Aufgabe richten, kann dies definitiv Wunder für Sie bewirken.

- Sie können Ihre Arbeit mehr genießen. Wenn Sie sich auf eine Sache konzentrieren, können Sie nicht nur jeden Erfolg genießen, den Sie durch Ihre Aufgabe erzielen, sondern auch Ihre Arbeit und Ihre Talente mehr schätzen. Jedes Mal wenn Sie eine Aufgabe erledigen fühlen Sie sich glücklich und haben auch Raum für Entspannung.

- Wenn Sie jeweils an einer Aufgabe arbeiten, können Sie die wichtigen Dinge abwägen und priorisieren. Im Vergleich zu Multitasking, das alles als beinahe gleich wichtig und dringend behandelt.

Am Ende des Tages kann das Lernen, wie man Prioritäten setzt und sich auf eine einzelne Aufgabe konzentriert, Wunder für Ihre Produktivität bewirken. Im Gegensatz zu dem, was viele Menschen denken, ist Single Tasking ziemlich einfach.

Pausen machen

Es erscheint nicht intuitiv, eine Pause einzulegen, wenn noch etwas zu tun ist. Regelmäßige Pausen fördern jedoch Ihr Gedächtnis, Ihre Kreativität und Ihre Konzentration. Wenn Sie längere Zeit ununterbrochen arbeiten, tritt Stress, Sie werden erschöpfter und können nicht mehr Ihr Bestes geben. Häufige Pausen helfen, neue Energie zu tanken und zu erfrischen. Auf diese Weise können Sie Ihre Effizienz maximieren.

Sie könnten denken, dass mehr Zeit für die Arbeit Ihnen hilft, mehr Dinge zu erledigen. Wenn Sie jedoch ausgebrannt sind, werden Sie nie so gut arbeiten. Studien zeigen, dass regelmäßige Pausen während des Tages die Konzentration dramatisch steigern und Ihre

Stimmung verbessern. Wenn Sie Ihren Geist frisch halten und Ihr Energieniveau steigern möchten, müssen Sie häufig eine Pause von Ihrer Arbeit einlegen. Um Ihre Produktivität zu steigern, machen Sie kurze Pausen und gehen Sie im Büro herum oder machen Sie einen kurzen Spaziergang in der Mittagspause. Arbeiten Sie nicht weiter unter der Annahme, dass Sie härter arbeiten müssen, um Ihre Ziele zu erreichen. Wenn Sie den ganzen Tag über häufige Pausen einlegen, sich von Ihren E-Mail- und Telefonanrufen trennen und vor allem auch an den Wochenenden abschalten, kann sich Ihr Gehirn und Ihr Körper erholen.

Schlaf, Vorausplanung und Morgenroutine

Mindestens sieben Stunden Schlaf zu haben, ist sowohl für Ihre geistige als auch für Ihre körperliche Gesundheit von entscheidender Bedeutung. Es reduziert auch Stress, verbessert das Gedächtnis, fördert die Kreativität und schärft den Fokus. Sie können besser gute Entscheidungen treffen und mehr erledigen. Ein kürzerer Schlaf verringert Ihre Effizienz und Produktivität. Sie werden mehr Fehler machen und nicht Ihr Bestes geben.

Die Qualität Ihres Schlafes ist ebenfalls wichtig. Wenn Sie neun Stunden Schlaf von schlechter Qualität haben, ist der nächste Tag unter Umständen schlechter, als wenn Sie sechs Stunden exzellenten Schlaf hatten. Um Ihre Schlafqualität zu verbessern, gibt es unterschiedliche Methoden. Verbannen Sie Fernseher und Telefone aus dem Schlafzimmer. Vermeiden Sie es, vor dem Schlafengehen Alkohol zu trinken oder eine schwere Mahlzeit zu sich zu nehmen. Meditieren kann ein nützliches Werkzeug vor dem Schlafengehen sein, um Ihnen zu helfen, besser zu schlafen.

Oft werden unsere Ruhe und unser Schlaf geopfert, um mehr Zeit am Tag zu gewinnen. Gut ausgeruht, satt und einen gesunden Körper zu haben, beseitigt die Ablenkungen, die uns unsere Zeit rauben werden. Wenn Sie jede Nacht genug Schlaf bekommen, ist Ihr Fokus schärfer, Ihre Aufmerksamkeitsspanne länger und Ihre Arbeitsqualität höher, was zu einer Steigerung der Produktivität führt.

Wenn Sie sich die Zeit nehmen können, die Ereignisse des kommenden Tages zu skizzieren, geben Sie Ihrem Geist die Zeit, die Aufgaben zu erledigen, während Sie schlafen. Wenn Sie also nur 15 Minuten vor dem Schlafengehen damit verbringen, um Ihre Aufgabenliste für den nächsten Tag zu erstellen und zu priorisieren, haben Sie am nächsten Tag einen Vorsprung. Nachdem Sie Ihre Aufgabenliste erstellt haben, verbringen Sie einige Minuten damit, die Aufgaben zu markieren, die wichtig sind, um Sie daran zu erinnern, dass diese Aufgaben ausgeführt werden müssen, um Sie beim Erreichen Ihrer Ziele voranzutreiben. Auf diese Weise können Sie Ihren Tag mit vielen subtilen Details beginnen, die bereits ausgearbeitet wurden.

Wenn Sie Ihre Produktivität auf die nächste Stufe heben möchten, sollten Sie Ihre Morgenroutine perfektionieren. Wie Sie Ihren Tag beginnen, ist ein ausgezeichneter Indikator dafür, wie der Rest Ihres Tages verlaufen wird. Sie müssen etwas finden, das für Sie funktioniert und es in Ihr Morgenritual aufnehmen. Wenn Sie Ihre Produktivität steigern möchten, müssen Sie Ihre Morgenroutine ernst nehmen.

Wichtige Aufgaben zur richtigen Tageszeit

Jeder Mensch hat bestimmte Tageszeiten, zu denen er am produktivsten ist. Vielleicht ist es für Sie früh am Morgen oder spät am Abend. Der Schlüssel ist, diese Zeiten zu identifizieren. Wenn Sie dies getan haben, können Sie Ihre schwierigsten Aufgaben für genau diese Stunden planen. Es gibt natürlich jeden Tag Momente, in denen Sie fokussierter und produktiver sind. Wenn Sie sich auf eine bestimmte Aufgabe konzentrieren müssen, ist es sinnvoll, sie für einen dieser Momente zu planen. Auf diese Weise stellen Sie sicher, dass Sie sich nach besten Kräften um die jeweilige Aufgabe bemühen.

Zu verstehen, wann Sie am besten arbeiten, ist der Schlüssel, um die großen Projekte pünktlich abzuschließen. Kein festgelegter Zeitplan funktioniert für alle. Wenn Sie ein Morgenmensch sind, packen Sie Ihre großen Aufgaben an, wenn Sie Ihren Tag beginnen. Sind Sie am Abend produktiver, beginnen Sie Ihren Tag später und erledigen Sie die wichtigsten Aufgaben am späten Nachmittag. Für Unternehmer oder High-Level-Manager kann mitunter der Abend die produktivste Zeit des Tages darstellen.

„Nein" sagen

Wie bereits unter Zeitfresser erwähnt wurde, ist das Wort „Nein" sehr viel Wert. Wer sehr erfolgreich ist, muss sich mit vielen Anforderungen an seine Zeit auseinandersetzen. Es ist wichtig, dass Sie wissen, was Sie erreichen möchten, und bereit sind, zu anderen Projekten Nein zu sagen.

Das Wort „Nein" wird bei der Arbeit häufig zum Tabuwort. Nein-Sager müssen sich Sorgen machen, dass sie als faul eingestuft werden, weil sie nicht bereit sind, mehr zu tun. Oder jemand gilt sogar als egoistisch, weil er den Büronachbarn im Stich lässt, wenn dieser dringend Hilfe bräuchte. Aus dieser Erwartung heraus haben viele Menschen wirklich Angst vor Ablehnung.

Weniger arbeiten und mehr erreichen ist für ein ausgeglichenes Leben notwendig. Wenn Sie dieses Gleichgewicht nicht erreichen können, werden Sie schnell überfordert sein und kurz vor einem möglichen Burnout stehen. Priorisieren Sie Ihre Aufgaben und geben Sie andere Arbeiten und Projekte weiter.

Strategien, um beim eigenen Vorgesetzten die Aufgabe abzulehnen ohne „Nein" zu sagen:

- Alternativen anbieten
- Die Folgen verdeutlichen
- Dramatisieren
- Ihn an sein Wort erinnern
- Um Mithilfe bitten

Nein zu Kollegen können Sie folgendermaßen sagen:

- Um Verständnis werben
- Konsequent bleiben
- Den Ball zurückwerfen
- Die Unverschämtheit dieser Bitte offenbaren

Positive Einstellung

Nichts kann Ihre Produktivität so einfach steigern wie eine positive Einstellung. Es ist wichtig zu erkennen, dass Ihre Einstellung Ihre Produktivität beeinflusst. Wenn Sie sich überfordert, ängstlich oder gestresst fühlen, werden Sie nur langsamer. Je besser Sie in der Lage sind, positiv und optimistisch zu denken, desto mehr werden Sie erreichen. Selbst wenn Sie vor einer besonders großen oder schwierigen Aufgabe stehen, kann eine positive Einstellung Ihnen helfen, mehr zu erreichen, als Sie gedacht haben. Wenn Sie sich sagen, dass jede kleine Leistung ein erreichtes Ziel für sich ist, geben Sie sich selbst die Ermutigung und die Motivation, die Sie für den Erfolg benötigen.

Eine positive Einstellung ermöglicht es Ihnen, sich selbstsicherer und selbstbewusster zu fühlen. Selbst wenn Selbstvertrauen für Sie eine relativ neue Erfahrung ist, werden Sie in kürzester Zeit die verdienten Erfolge ernten. Sie werden bald sehen, wie sehr sich eine positive Einstellung auf Ihre Arbeit auswirkt und wie zufrieden Sie mit den Ergebnissen sein werden.

Fazit

Nicht jeder Tag wird produktiv sein, versuchen Sie stattdessen, Ihre Energie neu zu fokussieren und diese Produktivitätstipps in Ihrem Tag umzusetzen. Sobald Sie herausgefunden haben, was für Sie funktioniert, werden Sie erstaunt sein, wie viel Sie in der gleichen Zeit schaffen können. Behalten Sie immer eine positive Einstellung, das steigert die Produktivität zusammen mit den anderen Tipps nochmals.

Schlechte Gewohnheiten ablegen

Das Aufrechterhalten Ihrer Produktivität ist für die meisten Menschen eine schwierige Aufgabe, insbesondere wenn das Internet nur einen Mausklick entfernt ist und Ihre schlechten Gewohnheiten leider Ihre Produktivität beeinträchtigen. Zum Glück muss es nicht so sein. Alles, was Sie brauchen, um Ihre Produktivität wieder in Schwung zu bringen, ist ein wenig Bewusstsein und ein schnelles Handeln von Ihrer Seite. Welche Gewohnheiten können Ihre Zeitmanagementbemühungen zunichtemachen und Ihre Produktivität verringern?

Multitasking

Von allen schlechten Gewohnheiten ist Multitasking eine der schlimmsten und häufigsten. Multitasking bringt Sie dazu, täglich unvollständige, unterdurchschnittliche Arbeiten zu leisten. Wenn Sie sich an Multitasking gewöhnen, erledigen Sie nicht mehrere Aufgaben gleichzeitig, sondern konzentrieren sich teilweise auf eine einzelne Aufgabe, während Sie den größten Teil Ihrer Aufmerksamkeit auf den Jobwechsel richten.

Perfektionist sein

Ein weiterer häufiger Zeitkiller ist der Perfektionismus, der sich auf vielfältige Weise manifestieren kann, z. B. wenn er aus dem Gleichgewicht gerät, wenn etwas nicht Ihren Weg geht oder unrealistisch hohe Arbeitsstandards hat. Wenn Sie unrealistische Standards für die Arbeit festlegen, neigen Sie dazu, Ihre Aufgaben zu Tode zu erledigen. Dies kann zum Zurückfallen führen, wodurch sich ein Berg von Aufgaben aufbaut. Stellen Sie diese Anforderung an Ihre Mitarbeiter, können diese dadurch schnell demotiviert werden und möglicherweise den Job wechseln. Diese Eigenschaft killt sowohl Kreativität als auch das persönliche Zeitmanagement.

Eine riesige To-Do-Liste und Unentschlossenheit

Wenn Sie Ihre Aufgabenliste erstellen, kann es leicht sein, übereifrig zu werden und sie mit einem Dutzend oder mehr Aufgaben zu füllen, die Sie höchstwahrscheinlich nicht erledigen können. Wenn Sie am Ende des Tages nur die Hälfte Ihrer To-Do-

Liste fertigstellen können, kann dies dazu führen, dass Sie sich überfordert fühlen, demotiviert werden und dadurch leider schnell den Schwung verlieren.

Unentschlossenheit kann eine produktive Arbeitssitzung schnell zum Stillstand bringen. Wenn Sie nicht wissen, wofür Sie sich entscheiden sollen, durchsuchen Sie am Ende die Informationen, die Sie haben, und proben die Vor- und Nachteile im Kopf, bis Sie eine Entscheidung treffen. Unentschlossenheit kann dabei viel Energie und Willenskraft verschlingen und Ihre Arbeit entgleisen lassen. Zudem können sich dadurch wichtige Projekte verschieben, da einfach keine Entscheidungen getroffen werden.

Prokrastination

Das Wort Prokrastination (umgangssprachlich auch Aufschieberitis genannt) stammt ursprünglich aus dem Lateinischen und bedeutet, Aufgaben zu verschieben. Oftmals haben Personen mit der Neigung zur Prokrastination Schwierigkeiten Prioritäten richtig zu setzen und setzen fälschlicherweise Erfolg mit Selbstwert gleich. Um das Gefühl der Selbstbestätigung zu erreichen, brauchen sie häufige und kurzfristige Erfolgserlebnisse.

Es beschreibt zudem das nicht durchführen von Aufgaben, auch wenn Sie sich diese fest für eine gewisse Zeit vorgenommen haben. Dies passiert regelmäßig bei der Arbeit. Sie unterbrechen Ihre Aufgabe ständig, lassen sich ablenken und investieren mehr Zeit und Energie in andere Dinge. Kurz gesagt: **Sie prokrastinieren.**

Fazit

Dies sind nur einige der schlechten Gewohnheiten, die dafür verantwortlich sein können, dass Ihre Zeitmanagementbemühungen zunichte gemacht werden. Wenn Sie feststellen, dass Ihre Produktivität fehlt, überprüfen Sie Ihre täglichen Gewohnheiten, um festzustellen, ob eine davon Ihre Bemühungen und Ihre Produktivität sabotieren könnte.

Zeitmanagementmethoden

Die 2-Minuten-Regel

Die „2-Minuten-Regel" kann einen enormen Unterschied in Ihrem Leben bewirken. Dies ist insbesondere dann der Fall, wenn Sie zur Prokrastination neigen. Das Konzept lautet: **Wenn Sie eine Aufgabe haben, die in 2 Minuten erledigt werden kann, erledigen Sie sie sofort.**

Dies gilt für alle Arten von Aufgaben. Unabhängig davon, ob Sie E-Mails beantworten, Geschirr spülen oder den Müll herausnehmen müssen. Diese Zeitmanagementstrategie verbessert Ihre Produktivität erheblich. Sie erreichen jeden Tag mehr.

Wie funktioniert die 2-Minuten-Regel?

Denken Sie an die Aufgaben, die Sie gerade nach hinten schieben möchten. Sind sie tatsächlich so schwer umzusetzen? Haben Sie die notwendigen Fähigkeiten, um sie zu erledigen? Vermeiden Sie es aus irgendeinem Grund, sich auf sie einzulassen? Sind Sie einfach zu faul, um sie zu vervollständigen? Die 2-Minuten-Regel besagt, wenn Sie die Aufgabe in weniger als zwei Minuten schaffen, machen Sie es sofort.

Überprüfen Sie jetzt Ihre To-Do-Liste. Wie viele dieser Aufgaben könnten in zwei Minuten oder weniger erledigt werden? Schreibtisch putzen? Einen Anruf tätigen? Die Wäsche in die Maschine geben? Mach sie jetzt fertig!

Sobald Sie eine Aufgabe beginnen, ist es einfacher, damit fortzufahren. Das Schwierigste ist, einfach loszulegen. Wenn Sie also einen Bericht schreiben müssen, schreiben Sie einen einzelnen Satz. Es dauert zwei Minuten, aber es könnte Sie zum Start ermutigen und Sie werden eine Stunde lang schreiben.

Das Schlüsselelement der 2-Minuten-Regel ist, dass es nicht unbedingt um vollständige bzw. abgeschlossene Ergebnisse geht. Stattdessen geht es um den Prozess. Es konzentriert sich darauf, Maßnahmen zu ergreifen und den Prozess von dort aus fortzusetzen. Im Wesentlichen geht es bei der 2-Minuten-Regel darum, konsequent zu handeln und nicht um Leistung. Probieren Sie es selbst aus und sehen Sie, ob es die Art und Weise, wie Sie Dinge erledigen, revolutioniert.

SMART-Methode

Viele Leute kennen die SMART-Methode bereits, aber nur wenige setzen sie wirklich um. Dies lässt sich daran erkennen, dass einige Aufgaben und Projekte zum Scheitern verurteilt sind, bevor sie begonnen haben. Der Grund mag einfach klingen, aber die Konsequenzen können schwerwiegend sein. Die Zielsetzung ist falsch und kann nicht von Anfang an erreicht werden. Kurz gesagt: **Wenn Sie nicht wissen, wohin Ihre Reise führen soll, können Sie Ihr Ziel nicht erreichen, egal wie hart Sie arbeiten.**

Die SMART-Methode hilft dabei, Ziele richtig zu setzen, um die gewünschten Ergebnisse genau zu verstehen. Zu diesem Zweck muss die Zielformel viele Kriterien erfüllen. Wie Sie Ihre persönlichen und beruflichen Ziele setzen, hat großen Einfluss darauf, ob und wie Sie diese erreichen. Das richtige Ziel ist der erste Schritt zum Erfolg, aber leider werden hier viele Fehler gemacht. Die meisten Menschen denken nicht genug über das Ziel selbst nach. Stattdessen konzentrieren sie sich darauf, das Ziel so schnell wie möglich auf unterschiedliche Weise zu erreichen.

Wenn Sie jedoch vorhaben, den ersten Schritt zu gehen, bevor Sie das Ziel kennen, laufen Sie Gefahr, dass Sie in die völlig falsche Richtung gehen. Die SMART-Methode soll dies verhindern, indem klare Kriterien für die Definition von Zielen festgelegt werden. SMART-Ziele sollten dazu beitragen, den Fokus zu behalten und sich auf das zu konzentrieren, was wirklich wichtig ist. SMART steht für die fünf Kriterien spezifisch, messbar, attraktiv, realistisch und terminiert. Wie sollen diese Kriterien nun genau aussehen:

1. Spezifisch

Vermeiden von Verallgemeinerungen und Mehrdeutigkeit und verwenden von spezifischen und genauen Aussagen, um die zu erreichenden Ziele zu beschreiben. Im besten Fall kann das Ziel in einem kurzen Satz zusammengefasst werden, um das Ziel klar zu machen.

2. Messbar

Zum nachträglich Tracking sollten Ziele messbar sein, das heißt Sie sollten Summen oder andere quantitative Ziele wie Zeitaufwand oder

Abteilungsleistung beschreiben. Bei schwer messbaren Zielen müssen alternative Möglichkeiten gefunden werden, um das Ziel messbar zu machen. Die Steigerung der Kundenzufriedenheit kann Ihnen beispiwlesweise die Anzahl an Verkäufe anzeigen oder Sie führen zusätzlich Umfragen durch, um diesen Indikator zu messen.

3. Attraktiv

Sie können sich häufig nur dann motivieren, Ihre Ziele zu erreichen, wenn die Ziele für Sie attraktiv sind. Das sollte für das gesamte Team gelten und kann durch positive Formulierungen beginnen und die gegenseitige Ermutigung zum härteren Arbeiten ergänzt werden. Auch sollten Sie lernen, mit Rückschlägen umzugehen.

4. Realistisch

Wenn Sie sich unrealistische Ziele setzen, verlieren Sie schnell an Dynamik und geben auf, weil es unmöglich ist, Erwartungen zu erfüllen. Im besten Fall sollte das Ziel so gewählt werden, dass es eine Herausforderung für Sie darstellt, aber es ist trotzdem machbar. Utopische Ziele sollten vermieden werden.

5. Terminiert

Jedes Ziel erfordert einen Zeitrahmen, eine Frist für das, was getan werden sollte. Das Abschlussdatum des Ziels sollte als Bewertung für die Evaluierung des Ziels herangezogen werden. Messen Sie hier und notieren Sie, ob Sie alles implementieren können, was vor Tagen, Wochen oder Monaten geplant war.

Wenn alle fünf Bedingungen erfüllt sind, sind die mit der SMART-Methode festgelegten Ziele klar. Dies ist jedoch nicht immer einfach.

Pareto-Prinzip

Im Zusammenhang mit Zeitmanagement erfand Vilfredo Pareto bereits 1906 ein Gesetz, das „80-20-Gesetz". Es kann nicht nur auf ein bestimmtes Fachgebiet, sondern auch allgemein angewendet werden. Er untersuchte dabei die Verteilung des Volksvermögens in Italien und fand heraus, dass rund 4/5 Fünftel des Vermögens, also 80 Prozent, bei rund einem Fünftel (20 Prozent) der italienischen Familien konzentriert war. Kümmerte man sich um die 20 %, hatte man 80 % als Hebel. Dieses Gesetz des Zeit- und

Energiemanagements kann auch im täglichen Leben angewendet werden.

Vertrieb: Tatsächlich gibt es Unternehmen, in denen nur 20 Prozent der Verkäufer für 80 Prozent des Umsatzes verantwortlich sind.

Produktivität: Bei richtiger Prioritätensetzung lassen sich bereits mit nur 20 Prozent aller Bemühungen häufig schon 80 Prozent der Arbeit erledigen.

Zeitmanagement: Mit 20 Prozent der (richtig!) eingesetzten Zeit lassen sich 80 Prozent der Aufgaben erledigen.

Um es im Zeitmanagement erfolgreich zu nutzen müssen Sie folgende Schritte verinnerlichen:

1) Relevante Aufgaben identifizieren

Finden Sie heraus, welche Aufgaben Sie Ihrem Ziel wirklich näher bringen. Denken Sie daran, was Sie erreichen möchten, und schauen Sie sich jede Unteraufgabe genau an.

2) Persönlichen Arbeitseinsatz konzentrieren

Konzentrieren Sie Ihren Arbeitseinsatz auf einzelne Tasks, anstelle alles auf einmal erledigen zu wollen. Multitasking sollte wie bereits beschrieben vermieden werden. Sie können damit in kürzerer Zeit ordentliche Erfolge erzielen.

3) Begrenzte Ressourcen akzeptieren

Beim Pareto Prinzip geht es auch um die richtige Einstellung. Sie müssten akzeptieren, dass Ihnen nur begrenzte Ressourcen (meistens in der Form von Zeit) zur Verfügung stehen. Fragen Sie sich, was Sie im verfügbaren Rahmen bestmöglich erreichen können. Der eigene Perfektionismus und zu hohe Erwartungen an sich selbst können dabei häufig im Weg stehen. Mit der richtigen Einstellung zur und mit der 80-20-Regel werden Sie langfristig sehr gute Ergebnisse erzielen.

Zusammenfassung

Wir erledigen unwichtige Aufgaben häufig perfekt und vergessen dabei häufig, unseren Fokus auf das Wesentliche zu lenken. Wir verstehen nicht, dass es wichtig ist, Aufgaben zu priorisieren und zu planen, um Fortschritte und Erfolg im Leben zu erzielen. Genau an diesem Punkt kommt das Zeitmanagement ins Spiel. Es kann uns helfen, wichtige Aufgaben und auch unwichtige Zeitfresser zu erkennen, uns auf grundlegende Elemente zu konzentrieren und mit vergleichsweise wenig Zeitaufwand Struktur in unsere Arbeit und unser Privatleben einzubringen. Viele Menschen unterschätzen den hohen Wert eines effektiven Zeitmanagements und ziehen es vor, in ein ungeordnetes Arbeitsleben zu geraten.

Die heutige leistungsorientierte Gesellschaft überfordert viele Menschen. Alles muss so schnell wie möglich so viel Erfolg wie möglich bringen. Damit dabei Ihre Freizeit und auch Gesundheit nicht auf der Strecke bleibt, liefert Ihnen dieses Buch einige Hinweise, wie Sie Ihre Zeit optimieren und nicht die gleichen Fehler wie viele Menschen begehen.

Das Pareto-Prinzip, Single-Tasking oder die SMART-Methode sind nur einige wenige Stichwörter, welche Ihr Leben umkrempeln können und Sie dadurch mehr Zufriedenheit und auch bessere Ergebnisse erreichen. Vergessen Sie bei all dem Leistungsdruck Ihre eigene Gesundheit nicht, schaffen Sie sich genügend Zeit zum Abschalten und Loslassen vom täglichen Arbeitsstress.

Viel Erfolg beim Umsetzen der einzelnen Schritte und Methoden!

Ich würde mich sehr darüber freuen, wenn Sie mir ein kleines Feedback bei Amazon da lassen könnten!

Quellen

Bücher

Green, M. (2017): Gewohnheiten: Diese 15 Gewohnheiten verschaffen Ihnen mehr Disziplin, Motivation, und Erfolg im Leben; CreateSpace Independent Publishing Platform.

Brandt, M. (2019): ZEITMANAGEMENT - Exzellente Organisation: Wie Sie mit klugen Mindset-Strategien Stress überwinden, besser lernen, Ihren Schlaf optimieren und nachweislich Ihre Effektivität & Motivation steigern; J. Loewenstein Media GmbH; Hamburg.

Russell-Walling, E. (2011). 50 Schlüsselideen Management. Spektrum Akademischer Verlag, Heidelberg, S. 68-71.

Internetquellen

http://www.einfach-besser-arbeiten.de/zeitfresser-erkennen/, aufgerufen am 10.06.2020.

https://leithammel.net/zeithammel/die-top-10-zeitfresser-im-betrieb-und-wie-sie-sie-eliminieren/, aufgerufen am 10.06.2020.

https://www.weka.ch/themen/fuehrung-kompetenzen/selbstmanagement/selbst-und-zeitmanagement/article/zeitfresser-so-eliminieren-sie-zeitdiebe/, aufgerufen am 10.06.2020.

https://www.geld-online-blog.de/organisation/arbeitszeitmanagement-zeitfresser-eliminieren-sich-auf-das-wesentliche-konzentrieren/, aufgerufen am 15.06.2020.

https://www.selbstaendig-im-netz.de/selbstaendig/6-zeitfresser-im-buero-und-wie-man-ihnen-entgeht/, aufgerufen am 15.06.2020.

https://www.wrike.com/de/blog/der-hohe-preis-des-multitaskings-40-produktivitaetsverlust-durch-staendigen-aufgabenwechsel/, aufgerufen am 15.06.2020.

https://karrierebibel.de/nein-sagen/, aufgerufen am 15.06.2020.

https://karrierebibel.de/prokrastination/, aufgerufen am 16.06.2020.

https://www.uni-muenster.de/Prokrastinationsambulanz/prokrastination.html, aufgerufen am 16.06.2020.

https://www.lernen.net/artikel/prokrastination-x-tipps-und-y-uebungen-gegen-staendiges-aufschieben-569/, aufgerufen am 16.06.2020.

https://mindmonia.com/de/prokrastination/, aufgerufen am 16.06.2020.

https://larsbobach.de/die-zwei-minuten-regel-grundlagen-des-selbstmanagements/, aufgerufen am 16.06.2020.

https://karrierebibel.de/2-minuten-regel/, aufgerufen am 16.06.2020.

https://karrierebibel.de/smart-methode/, aufgerufen am 18.06.2020.

http://projektmanagement-manufaktur.de/smart-ziele, aufgerufen am 18.06.2020.

https://www.ionos.at/startupguide/produktivitaet/smart-methode/, aufgerufen am 18.06.2020.

https://www.roberthalf.de/unsere-zusammenarbeit/news-info-center/karriere-tipps/karriereentwicklung/smart-methode, aufgerufen am 18.06.2020.

https://karrierebibel.de/pareto-prinzip/, aufgerufen am 18.06.2020.

https://www.absolventa.de/karriereguide/zeitmanagement/pareto-prinzip, aufgerufen am 18.06.2020.

https://www.ionos.at/startupguide/produktivitaet/das-pareto-prinzip-80-20-regel/, aufgerufen am 18.06.2020.

https://praxistipps.focus.de/7-stunden-schlaf-sind-ideal-stimmt-das-das-muessen-sie-wissen_97360, aufgerufen am 21.06.2020.

https://www.zeit.de/wissen/gesundheit/2019-01/schlafforschung-empfehlung-schlafverhalten-muedigkeit-ingo-fietze, aufgerufen am 21.06.2020.

Andere Bücher des Autors

Richtig Zitieren in Abschlussarbeiten: Für Schüler und Studenten

Beschreibung:

Zum Abschluss Ihres Studiums oder Ihrer Ausbildung kommen Sie um eine Abschlussarbeit selten herum. Dabei macht es keinen Unterschied, ob es sich um eine Diplom-, Bachelor- bzw. Masterarbeit oder um eine Dissertation handelt, jegliche Quellen müssen mit Zitaten belegt werden. Doch wie zitiert man Quellen korrekt, sodass die Arbeit nicht als Plagiat und man selbst als Verfasser als Dieb von geistigem Eigentum bezeichnet wird sowie gegen das Urheber- oder sogar Strafrecht verstößt?

Das Buch erklärt auf kompakte Weise die Arten der Zitate sowie deren Zitierweisen, Beschreibt unterschiedliche Quellenarten und gibt viele Beispiele. Es verfügt zudem über eine hilfreiche Linksammlung für Recherche von Quellen.

Unabhängig vom Studienfach unterstützt Sie dieser Ratgeber beim richtigen Zitieren in Abschlussarbeiten.

Link E-Book:
https://www.amazon.de/dp/B089RG7NCK

Link Taschenbuch:
https://www.amazon.de/dp/B08C4F7QK2/

Produktivität steigern: 21 Strategien, um Tätigkeiten schneller zu erledigen!

Beschreibung:

Höhere Produktivität, mehr Erfolg und gleichzeitig weniger Stress!

Produktiver zu werden ist keine Kunst sondern kann erlernt werden. Dieses Buch liefert einfache Schritte, welche direkt im beruflichen und privaten Alltag angewendet werden können. Damit holen Sie sich die Kontrolle zurück, reduzieren Ihren Stress und haben am Ende des Tages trotzdem mehr geschafft.

Konzentriertes Handeln ist die Grundlage für produktives Arbeiten, doch der schärfste Fokus hilft Ihnen nicht weiter, wenn Sie ihn falsch einsetzen. Ihren Weg zu höherer Produktivität habe ich Ihnen so einfach wie möglich gestaltet.

Das Buch behandelt 21 in sich abgeschlossene Themengebiete wie beispielsweise:

- Selbstdisziplin erhöhen
- Zielorientierter werden
- Das Unmögliche schaffen
- Motivation steigern
- Delegieren müssen
- Sich selbst belohnen
- Stress abbauen
- Burnout verhindern

- Prioritäten festlegen
- Kommunikationsfähigkeiten steigern

Link E-Book:
https://www.amazon.de/dp/B08B7J6VFZ

Link Taschenbuch:
https://www.amazon.de/Produktivit%C3%A4t-steigern-Strategien-T%C3%A4tigkeiten-schneller/dp/B08B73KJVF

Über den Autor

Thomas Hametner studierte an der Fachhochschule Oberösterreich Campus Wels die Studienrichtung "Entwicklungsingenieur Metall- und Kunststofftechnik" im Bachelor und Master. Parallel absolvierte er das Masterstudium „Recht und Wirtschaft für Techniker" an der Johannes Kepler Universität in Linz. Die Ausbildung zum Master of Business Administration über die California Lutheran University rundet den akademischen Pfad ab.

Vor dem Studium absolvierte Thomas Hametner eine Lehre als Stahlbautechniker, und blieb dann noch ca. 1 Jahr Facharbeiter in diesem Bereich. Während dem Masterstudium an der Fachhochschule Oberösterreich tauchte bei einem außeruniversitären Forschungsinstitut in die Welt der Leichtmetalle Aluminium und Magnesium ein. Später ging er als technischer Einkäufer für Gusskomponenten zu einem etablierten Motorradhersteller und unterrichtet nun nebenberuflich an einer Abendschule für junge aufstrebende Werkmeister.